# Petit traité des pur

## récompenses à l'usage des ...

## et des parents

Félix Hément

**Alpha Editions**

This edition published in 2023

ISBN : 9789357957496

Design and Setting By
**Alpha Editions**
www.alphaedis.com
Email - info@alphaedis.com

# Contents

# AVANT-PROPOS

Personne n'ignore que l'opinion s'est émue, il y a quelque temps, de l'excès de travail imposé à nos écoliers de tout ordre et par suite duquel ils se trouvaient, comme on dit, surmenés.

Pour donner satisfaction à ce qu'il y avait de légitime dans les plaintes des parents et des hygiénistes, les programmes ont été remaniés, sinon réduits, et les règlements ont été adoucis de manière à mettre les mœurs de l'école en harmonie avec celles de la Société.

Il nous a paru qu'il convenait, à cette occasion, de faire précéder les règlements actuels d'un résumé historique et d'une appréciation des châtiments et des récompenses scolaires chez les divers peuples, aux diverses époques. C'est ce résumé que nous donnons sous le titre de *Petit Traité des punitions et des récompenses*, qui sera, nous l'espérons, de quelque utilité à la plupart des maîtres et des parents.

F. H.

# PETIT TRAITÉ DES
# PUNITIONS & DES RÉCOMPENSES

L'éducation de l'enfant, c'est-à-dire le développement harmonique de son âme et de son corps, se fait, soit dans la famille, soit à l'école où les enfants se trouvent réunis pour recevoir l'enseignement et les soins en commun, soit simultanément à l'école et dans la famille.

Quel que soit le mode adopté, le but auquel on tend est atteint par certains moyens dont il importe d'assurer l'efficacité. Par exemple, les exercices doivent être convenablement répartis, un temps déterminé doit leur être consacré de judicieux intervalles sont nécessaires pour les séparer; en un mot il faut établir l'ordre dans le travail, puis, veiller à l'exécution de ce travail. Toutes les prescriptions, ordres ou défenses, sont renfermées dans un Code nommé règlement auquel se conforment maîtres, parents et élèves. C'est la loi commune, égale pour tous, protectrice de tous, et que tous ont un égal intérêt à respecter et à maintenir. L'autorité du réglement est d'autant mieux établie, sur des bases d'autant plus solides, qu'il a été inspiré par une préoccupation plus exclusive de la justice. S'il est juste, il assure la liberté et l'égalité; l'obéissance qu'on lui doit, loin d'être servile et imposée par la force, est au contraire une soumission volontaire, recherchée même comme une garantie de sécurité, comme une protection que tous invoquent à l'occasion pour se défendre contre les injustices dont ils se croient victimes.

Si quelqu'un enfreint la loi, il doit être puni. Il a mal agi, et toute action mauvaise entraîne un blâme et un châtiment. De là, les peines édictées par la loi. Tandis que dans les lois sociales se trouvent inscrits des châtiments contre les coupables, il n'est nullement question de récompenses pour les gens de bien. Le législateur a pensé, peut-être avec raison, que s'il est inévitable de punir le vice, il n'est pas absolument nécessaire de récompenser la vertu. La Loi scolaire, elle, punit et récompense; c'est par la crainte et l'espérance qu'on gouverne les enfants tout aussi bien que les hommes.

L'enfant est un être moral en puissance, la conscience est chez lui en germe. Dès lors, nous devons, dès le premier éveil de la conscience, nous préoccuper de développer chez lui le sens moral. Ne négligeons rien, n'oublions rien de ce qui peut nous faciliter la tâche. «Tout est bien, dit Rousseau, sortant des mains de l'Auteur des choses», seulement rien ne sort directement des mains de l'Auteur des choses, car tout est bien changé depuis tant de siècles que les hommes occupent la terre. L'enfant n'apporte-t-il pas en naissant des prédispositions, des aptitudes, des goûts qu'il doit à ses ancêtres comme il leur doit les linéaments de son visage? C'est un héritier de l'humanité. Tout n'est pas bien mais tout n'est pas mal en lui, et la mission de l'éducateur consiste tout à la fois à contrarier les mauvaises tendances et à favoriser l'épanouissement des bonnes.

Nous devons nous attacher à lui faire comprendre qu'il y a des choses permises et des choses défendues; qu'il doit par suite s'interdire ce qui est défendu, et que l'obéissance à la règle, loin d'être pour lui un effet de la crainte, doit être l'expression d'un mouvement spontané de son âme. Nous contribuerons ensuite à développer et à fortifier chez lui le sens moral, à rendre sa conscience de plus en plus délicate, en évitant de lui laisser confondre le mérite et le démérite avec leurs conséquences, en le pénétrant de cette idée que ce n'est pas de la punition mais de la faute qu'il doit être peiné, comme ce n'est pas de la récompense mais de la bonne action seule dont il doit être satisfait.

# I

## DES PUNITIONS

Il importe bien plus d'ailleurs, en particulier dans nos écoles, disons-le tout d'abord, de prévenir que de punir. Il faut tendre, sans prétendre y arriver, vers cette classe idéale où l'on ne punit pas. Au lieu de se proposer, comme les jeunes maîtres encore inexpérimentés, d'obtenir d'abord le silence et l'attention pour donner ensuite l'enseignement, c'est le contraire qu'on doit se proposer, c'est-à-dire rendre l'enseignement assez attrayant pour intéresser les élèves. L'ordre et l'application sont alors des conséquences naturelles. Que la leçon soit donnée avec intelligence, mesure et goût, on obtiendra par surcroît le silence, l'attention et le travail. Ne pas regarder la discipline comme un but à atteindre est un moyen de l'obtenir. En général plus l'enseignement est faible, plus la discipline est dure.

Bien entendu, cela ne dispense ni de bons règlements, ni de bonnes méthodes, ni de bons procédés, en un mot des conditions favorables au travail. La tâche du maître sera en outre singulièrement facilitée: 1° si la durée des classes est en rapport avec l'âge des enfants; 2° s'il existe une judicieuse répartition du travail et du repos; 3° si une sage mesure est observée dans la durée et l'intensité des efforts exigés des élèves, car nous ne devons pas oublier qu'il faut au cerveau, comme à l'estomac, indépendamment de la diversité dans l'alimentation, une somme de nourriture qu'il puisse digérer et assimiler.

Si rarement qu'on ait à punir, encore faut-il punir quelquefois. Occupons-nous donc de la nature des châtiments.

Depuis l'humanité naissante jusqu'à nos jours, on a surtout fait usage des peines corporelles. On a puni l'âme indocile dans le corps qu'elle gouverne, au lieu de la châtier directement. On était plus préoccupé de l'expiation de la faute que de l'amélioration du coupable. Il a fallu, d'une part, l'adoucissement des mœurs, et, d'autre part, une idée plus exacte, une appréciation plus saine du châtiment pour reconnaître qu'il ne doit être ni une cruauté ni une vengeance, mais un moyen offert au coupable de s'amender. Les mœurs scolaires se sont ressenties de la transformation des mœurs générales, ainsi qu'on voit les grands mouvements de l'Océan gagner les baies les plus reculées dans l'intérieur des terres.

Aujourd'hui, dans la plupart des pays civilisés, les châtiments corporels sont tombés dans un discrédit sérieux. En Angleterre, où le respect de la tradition est excessif, on se relâche cependant des rigueurs du fouet traditionnel. Dans un rapport présenté au *Conseil d'éducation* de Londres, le rapporteur s'exprime ainsi: «Nous sommes heureux d'annoncer, que le nombre des punitions diminue, spécialement en ce qui concerne les punitions corporelles, ce qui tient sans doute aux règles établies pour les cas où ces punitions sont permises. Nous les verrions même disparaître si les maîtres avaient le droit de renvoyer les enfants incorrigibles et intraitables, ce qui est impossible dans une école ouverte à tous.»

Par contre, de l'autre côté du Rhin, on semble vouloir en augmenter les rigueurs, «en autorisant l'instituteur à infliger des punitions corporelles sensibles qui laissent des traces comme les bleus, les raies enflées, les ecchymoses». Voici un extrait d'un jugement rendu par le tribunal supérieur d'*administration* de Prusse:

L'instituteur, y est-il dit, est autorisé à infliger des punitions corporelles sensibles. Il doit éviter de causer des blessures «marquantes», qui mettent en danger la santé de l'élève. Les bleus, les raies enflées, les ecchymoses, ne constituent pas de signes indiquant des blessures «marquantes»; car chaque correction sensible—et l'instituteur est expressément autorisé à infliger une correction sensible—laisse des traces pareilles.

L'instituteur n'est pas passible d'une peine s'il châtie un élève appartenant à une autre classe que celle qu'il dirige; la punition peut être infligée en dehors du local scolaire.

La conduite de l'élève en dehors de l'école est également soumise à la discipline scolaire.

L'ecclésiastique de son côté est autorisé quand il donne l'instruction religieuse à administrer des punitions sensibles.

La conduite de l'instituteur ne peut devenir l'objet de poursuites que lorsqu'il a infligé des blessures marquantes.

Toujours est-il que c'est avec quelque répugnance, et à la dernière extrémité qu'on les applique, et en les atténuant, Ceux qui les appliquent semblent s'en excuser et les considérer comme un mal nécessaire.

---

Remarquons en passant qu'un très petit nombre d'animaux mordent ou frappent à coups de bec leurs petits qui se conduisent mal. Le plus souvent, ils les grondent, et cela suffit ordinairement pour les faire rentrer dans le devoir. C'est merveille, par exemple, de voir les jeunes poussins obéir à la mère poule.

Elle a un cri pour les rappeler lorsqu'ils s'égarent, un autre cri pour les rassurer s'ils ont eu peur à tort; un autre, pour les rassembler si un danger se présente. Quel que soit l'ordre donné, ils obéissent à la voix maternelle. Comment se fait-il que l'homme, qui se qualifie animal raisonnable, ne soit pas conduit uniquement par la raison. C'est sans doute parce que de tous les animaux, il est celui dont l'éducation première a la plus longue durée et réclame le plus de soins. L'éducation des jeunes animaux par leurs parents rentre dans la catégorie des actes instinctifs: elle est invariable dans ses moyens comme dans sa durée et parfaite quant au but à atteindre. Celle de l'enfant, au contraire, se modifie avec le progrès des mœurs et la connaissance plus précise de l'hygiène. Les procédés d'éducation varient avec le degré de civilisation.

———

Le premier châtiment corporel est infligé avec la main. Non moins diligente que la parole, la main se lève au moment même où celle-ci formule un reproche. Un ébranlement nerveux unique, parti du cerveau, se répand dans le corps tout entier et détermine simultanément l'ensemble des manifestations de la colère. La main est tout à la fois un merveilleux outil au service du corps et un admirable instrument aux ordres de l'âme. Ses mouvements ne sont pas moins variés que ses usages. Si, d'une part, elle sert à assurer et à guider les pas du jeune enfant, elle devient, à l'occasion, envers ce même enfant, un instrument de correction.

Nous n'hésitons pas à condamner cette sorte de correction, qu'elle qu'en soit la forme: tape, calotte, claque, soufflet, lors même qu'elle n'a rien de prémédité ni de suivi, qu'elle résulte d'un mouvement de vivacité sans conséquence, parce que, avec une apparence anodine, elle présente parfois de graves inconvénients sinon des dangers. Les coups sur la tête, le dos ou la face donnés par une main brutale, peuvent déterminer des accidents sérieux et le soufflet a de plus un caractère dégradant. La face humaine voisine du cerveau, centralisant les organes des sens est en rapport direct et intime avec l'âme. La personne humaine est empreinte dans le visage plus que dans toute autre partie du corps, voilà ce qui rend le visage digne de respect. Tout au plus la fessée pourrait être tolérée, et encore pour de très jeunes enfants.

Malgré l'aisance de ses mouvements et la vigueur de ses coups, la main ne paraît pas toujours suffire à certaines personnes, et tantôt pour des motifs de convenance ou de commodité, tantôt pour aggraver la souffrance, on l'a armée du bâton, de la baguette, du fouet, de la férule ou du martinet.

Ces diverses modifications du châtiment corporel n'étaient pas pour lui conquérir des sympathies.

———

Chez les Égyptiens, le bâton est l'instrument de correction; comme on a pu s'en assurer par les devoirs d'écoliers égyptiens qui se trouvent parmi les papyrus du *British Museum* (Musée de Londres) et qui remontent au XVIIe siècle avant notre ère[1]. Parmi les exemples d'écriture, on lit: «Celui qui n'écoute pas sera battu;» ailleurs: «Ne fais pas un jour de paresse, ou bien on te battra; il y a un dos chez le jeune homme, il écoute celui qui le frappe». La menace des coups de bâton, revient souvent mais il ne paraît pas que ce soit seulement à propos des fautes commises. Il semble que les coups aient eu aussi pour but d'encourager l'écolier au travail, d'éveiller son attention comme le léger coup de fouet par lequel on excite le cheval et qui est comme une caresse stimulante. Les Égyptiens bâtonnent leurs ânes et ils ont procédé de même avec les écoliers. Il est même probable que la comparaison de l'écolier ignorant à un âne est d'origine égyptienne. Le bâton présente peut-être moins de dangers et d'inconvénients que le fouet pour un même effort de celui qui frappe.

---

La verge, qui semble avoir été en usage chez les Hébreux, et qui pouvait être une baguette ou un bâton, est sans doute empruntée aux Égyptiens. Nous disons qu'elle semble avoir été en usage parce que les proverbes ou autres passages qui se rapportent aux menaces de la verge ne sauraient prouver plus que nos propres proverbes qui ne sont d'ailleurs le plus souvent que la répétition des proverbes anciens. Se figure-t-on nos descendants, retrouvant des expressions comme celles-ci: *donner des verges pour se faire fouetter*, et concluant de là qu'on faisait usage de ce mode de punition chez les Français. Or, c'est ainsi qu'on raisonne lorsqu'on attribue cet usage aux Hébreux parce qu'on lit dans les *proverbes: la folie est liée au cœur de l'enfant, et la verge de la discipline l'en chassera*, ou bien parce que Roboam dit: *mon père vous a battus avec des verges, moi je vous châtierai avec des verges de fer*. Quoi qu'il en soit, il est permis de croire que les enfants des Hébreux ont reçu le fouet comme ceux des autres nations.

---

Nous n'avons guère que quelques indications sommaires sur les moyens de correction appliqués par les Grecs. Xénophon nous dit, en parlant des enfants de Sparte, qu'on les encourage à dérober les fromages sur l'autel de Diane Orthie, quitte à les *fouetter* jusqu'au sang s'ils se laissent surprendre. Lycurgue voulait que tout citoyen eût sur chaque enfant le droit de correction, et si, *frappé* par d'autres, l'enfant vient se plaindre, etc., c'est le châtiment corporel appliqué sans ménagement[2]. Remarquons que les choses se passent ainsi à Sparte et qu'on n'en saurait conclure qu'il en ait été de même à Athènes; loin de là. Platon ne nous dit rien des corrections, lui qui entre pourtant dans de grands détails sur les soins à donner aux jeunes enfants et dont les préceptes, disons-le en passant, sont en opposition avec les lois les plus élémentaires de l'hygiène[3].

Nous ne trouvons rien non plus dans Aristote: il est vrai que tout ce qui se rapporte à l'éducation du premier âge est traité par lui avec un évident amour de l'enfance, et que la tendresse du père laisse présumer celle de l'éducateur. Avec Plutarque, au contraire, nous sommes exactement renseignés sur le point qui nous intéresse. «C'est par la douceur, la persuasion, dit-il, qu'il faut porter au bien la jeunesse; les mauvais traitements et les coups ne conviennent qu'à des esclaves, et dégradent des hommes libres. A ce régime, l'enfant devient comme hébêté[4].» Les Grecs n'en sont pas encore, on le voit, à fonder une société protectrice des animaux. Toutefois un progrès considérable s'est déjà accompli dans les mœurs.

———

Chez les Romains, la chose n'est pas douteuse; les renseignements nous viennent de divers côtés. Plaute (234-184 av. J.-C.) dans sa comédie des *Bacchis*, met dans la bouche d'un des personnages, ces mots:...... «Assis auprès de ton précepteur, tu lisais, et s'il t'arrivait de manquer d'une syllabe, ta peau était aussitôt bigarrée comme le manteau de la nourrice[5].»

Horace (65-8 av. J.-C.) nous a conservé le nom de ce rude soldat qui s'était fait grammairien à cinquante ans, et dont il dit: «... Je me souviens des vers que me dictait le *fouetteur* Orbilius, lorsque j'étais enfant...[6]»

«Loin de nous, dit Quintilien (42-120) le châtiment ignominieux qu'on inflige aux enfants, quoique l'usage l'autorise... D'abord, il est indécent et servile puisqu'à tout autre âge, il constituerait un outrage cruel, ensuite, l'élève, sourd aux réprimandes, sera bientôt insensible aux coups.»

On pourrait multiplier les citations.

———

Tandis que les Romains instruits blâment l'usage de corrections corporelles, saint Chrysostome, saint Augustin, les moines s'inspirent de la Bible, mal interprétée, pour préconiser ces corrections. Les mœurs du moyen âge n'étaient pas faites pour apporter quelque adoucissement à ce régime. Nous n'avons pas l'intention de réunir ici tous les témoignages qui sont fort nombreux[7]. Nous citerons seulement les plus intéressants. Les maîtres ne sont pas désignés autrement que par l'épithète de *furieux* (*furiosus preceptor*) que leur avait donné déjà saint Jérôme. Ils ne décolèrent pas, ne cessent de frapper pour faire pénétrer dans la tête de pauvres enfants des connaissances médiocres et médiocrement enseignées. Un évêque, Rathérius (ou Rathier, 974), compose une grammaire qu'il intitule *pare-dos*. C'est effectivement le dos qui reçoit le plus de coups, ce qui n'empêche que la tête, le visage, les fesses n'en aient leur bonne part. Les cheveux, les oreilles semblent aussi appeler les tiraillements des maîtres bourreaux.

Les esprits doux et sensés s'élèvent contre ces brutalités odieuses.

Saint Anselme (1033-1109) rapporte que, causant avec un abbé qui dirigeait les études des écoliers d'un cloître, celui-ci se plaignit amèrement des enfants: «Ils sont, dit-il, méchants et incorrigibles. Nous ne cessons de les frapper jour et nuit et ils deviennent toujours pires.—Eh quoi! lui dit saint Anselme, vous ne cessez de les frapper, et que deviennent-ils une fois grands?—Idiots et stupides, répond l'abbé.—Voilà une belle éducation, reprend le saint, qui de l'homme fait une bête.»

Le doux et pieux Gerson (1363-1429) est l'auteur d'un petit livre dans lequel il compare les enfants à de frêles plantes pour lesquelles il réclame des soins et une vigilance active. Il se plaint de la disette de bons maîtres qui aient pour leurs élèves un cœur de père et qui n'usent pas de châtiments corporels.

«Il est plus facile, dit-il, de gagner les enfants par la douceur que par la crainte; autrement dit: On prend plus de mouches avec une cuillerée de miel qu'avec une tonne de vinaigre.»

Un siècle plus tard, Rodolphe Agricola (1442-1485), disait: «Une école ressemble à une prison: ce sont des coups, des pleurs et des gémissements sans fin.» Après lui Érasme (1467-1536) continue: «C'est à la charrue qu'il faut envoyer de pareils maîtres, dignes d'effrayer de leur voix tonnante les bœufs et les ânes..... Oses-tu bien, stupide bourreau, déchirer à coups de fouet, des jeunes gens d'esprit et de bonne famille, que tu es plus capable de tuer que d'instruire!...» Érasme et Rabelais (1483-1553) ont cité, avec les mêmes sentiments de réprobation, le collège de Montaigu où régnait le bourreau Pierre Tempête tenant en guise de sceptre le fameux fouet auquel il dut sa détestable renommée[8].

«..... L'éducation se doit conduire avec une fermeté douce, dit Montaigne... Otez-moi la violence et la force; il n'est rien, à mon avis, qui abâtardisse et étourdisse si fort une nature bien née... Entre autres choses, la discipline de la plupart de nos collèges m'a toujours déplu... c'est une vrai prison (geaule) de jeunesse captive... Arrivez-y au moment du travail, vous n'entendez (oyez) que cris et d'enfants suppliciés et de maîtres enivrés dans leur colère. Quelle manière pour éveiller l'appétit envers leur leçon, à ces âmes tendres et craintives, que de les y engager avec une trogne effroyable, les mains armées de fouets... Combien leurs classes seraient plus décemment jonchées de fleurs et de feuilles que de tronçons d'osier sanglants!...[9]»

Le disciple de Montaigne, Charron (1543-1603), l'auteur de *la Sagesse*, parle dans le même sens que son maître, quelquefois même il lui emprunte ses propres écrits. «..... Nous condamnons, dit-il, tout à fait la coutume presque universelle de battre, fouetter, injurier et crier après les enfants... préjudiciable et toute contraire au dessein que l'on a de les rendre amoureux et poursuivant la vertu, sagesse, science, honnêteté. Or cette façon impérieuse et rude leur en fait venir la haine, l'horreur et le dépit; puis les effarouche et les entête, leur abat et ôte le courage tellement que leur esprit n'est plus que servile et bas... Les coups sont pour les bêtes qui n'entendent pas raison; les injures et crieries sont pour les esclaves...»

Rollin (1661-1741), à son tour, réprouve dans son for intérieur les châtiments corporels; son cœur paternel, son âme sensible y répugnent, et pourtant il hésite par respect pour les textes bibliques que nous avons cités plus haut. Nous l'avons dit, le langage de la Bible est surtout figuré, et Varet (1632-1676) de Port-Royal[10], interprète les textes plus judicieusement que Rollin lorsqu'il dit: «J'estime que la rigueur recommandée par l'Écriture-Sainte s'exerce bien plus parfaitement et mieux selon l'esprit de Dieu par le refus d'un baiser ou des caresses ordinaires que par les verges.»

Locke (1632-1704) veut bien tolérer dans certains cas exceptionnels les peines corporelles: L'usage du fouet, dit-il, est une discipline servile qui rend le caractère servile[11]. Quelques voix s'élèvent dans ce concert de réprobation pour parler en faveur du fouet: Mélanchton, Johnson, Goldschmidt déclarent qu'ils n'auraient jamais rien appris s'ils n'avaient été fouettés. C'est là une simple affirmation sans preuves, et dans tous les cas ce ne sont pas des personnalités éminentes.

Par contre, Luther protestera, lui qui avait été battu jusqu'à quinze fois dans une seule matinée.

«Un enfant intimidé, dit-il, par de mauvais traitements, est irrésolu dans tout ce qu'il fait. Celui qui a tremblé devant ses parents tremblera toute sa vie devant le bruit d'une feuille que le vent soulève.»

Qui ne voit que le maître qui frappe un élève compromet tout à la fois sa dignité et son autorité? S'il ne se possède pas, s'il s'emporte, quel déplorable spectacle ne donne-t-il pas à son élève et dès lors quel respect, quelle estime, quelle affection peut-il en attendre? Si, au contraire, il est calme, comment osera-t-il brutaliser un enfant ou assister impassible à l'exécution qu'il aura ordonnée!

Et pourtant les punitions corporelles continuent à être pratiquées. Nul n'en est exempt, pas même les enfants des grands et des rois. On le comprendrait à la rigueur dans les masses ignorantes et non policées; là, les coups sont et seront toujours d'un usage courant: le procédé est commode, sommaire, et expéditif, à la portée de tous, tandis que les autres moyens de corrections exigent bien des qualités que maître et parents possèdent rarement.

Lorsqu'il fut question de l'éducation du Dauphin, fils de Louis XIV, le marquis du Châtelet composa un traité dans lequel on lit: «Il n'est point ici question de férule, un Dauphin de France doit être conduit par la gloire et par la douceur..... On doit ne le détourner du vice que par les charmes de la vertu[12]». Mais malgré ces sages avis, sans doute aussi, malgré Bossuet dont tous les contemporains ont loué la douceur et qui écrivait au pape Innocent: «C'est par la douceur qu'il faut former l'esprit des enfants», on donna pour gouverneur au Dauphin ce soldat honnête, mais quinteux, violent, brutal, sans pitié pour l'enfance, le duc de Montausier, qui se qualifiait gaîment lui-même *exécuteur des hautes œuvres*, et se livrait envers son royal élève à un véritable débordement de coups dont rougirait aujourd'hui un charretier. Le fidèle valet de chambre Dubois nous a conservé le récit ému de ces scènes odieuses[13]. Se figure-t-on Bossuet spectateur indifférent de ces honteuses violences!

Encore, si la peine corporelle était efficace ou l'était plus que les autres punitions! Mais nullement: elle est sans effet. Où la douceur n'a rien obtenu, la violence obtient moins encore. On impose par la crainte le silence et l'immobilité, non l'attention et le travail fécond. Les Jésuites avaient essayé d'un fouet perfectionné, composé de petites ficelles qui effleuraient la peau sans atteindre la chair. A quoi bon! Si le fouet ne cause aucun mal, il n'est plus qu'une grossière et inutile humiliation, d'une pratique pernicieuse au point de vue éducatif. Renonçons une fois pour toutes à des procédés qui terrifient l'enfant et le rendent incapable d'attention. Locke dit avec autant d'esprit que de raison, qu'il est aussi difficile de fixer des idées nettes dans une âme agitée que de bien écrire sur un papier qui tremble[14].

Comment veut-on que l'esprit de l'enfant ne soit pas troublé par les menaces et les éclats de la colère, prélude ou accompagnement ordinaire des brutalités? La crainte rend l'enfant timide et sournois; frapper n'est pas corriger. L'unique souci de l'enfant sera d'éviter les coups, et, pour s'y soustraire, il dissimulera ses fautes par le mensonge. C'est en ce sens surtout que le châtiment corporel est anti-éducatif.

Ce châtiment présente en outre des dangers sérieux: un maître irrité ne mesure pas ses coups et, parfois il lui arrivera de dépasser une limite prudente et de blesser un enfant sans le vouloir. Un mouvement instinctif de celui-ci pour éviter ou parer un coup peut occasionner un accident grave. Si, à la rigueur, on use des coups envers les animaux, c'est qu'il ne nous est pas facile de nous en faire comprendre, d'autant que nous exigeons d'eux des services peu en rapport avec leurs aptitudes et souvent contre leur gré. On sait combien l'abus est voisin de l'usage[15]; de là les mauvais traitements que réprime la loi protectrice des animaux. Mais l'enfant est un animal raisonnable, il nous comprend. Dès lors pourquoi nous priver bénévolement du concours de ses facultés supérieures et, d'un animal raisonnable, ne pas utiliser la raison.

———

Jusqu'ici il n'a été question que de coups, parce qu'en général les coups seuls, en y comprenant les tirements d'oreilles, de cheveux et pincements, sont regardés comme des châtiments corporels. En réalité, on doit comprendre sous cette appellation toute privation de nature à porter atteinte à la santé: celle d'une nourriture substantielle, par exemple. Mettre un jeune enfant au pain sec et à l'eau, c'est lui infliger une punition plus sévère qu'une tape ou qu'un coup de baguette, et d'une durée plus longue. La retenue, la privation de récréation ou de promenade sont également des punitions corporelles et des plus pénibles pour un être qui a si grand besoin de mouvement: en outre, ces moyens de correction vont contre le but qu'on se propose, car s'il s'agit de réprimer la turbulence, l'immobilité qu'on impose à l'enfant ne fait qu'exaspérer le besoin de mouvement qu'il a; c'est pour lui un supplice. Laissez-le au contraire épuiser son activité afin de le calmer; qu'il dépense sa fougue hors de la classe, afin qu'il ne la dépense pas au dedans.

Si, de plus, vous lui donnez à faire des pensums, si vous l'assujettissez à une besogne fastidieuse et stérile, vous rendez la punition plus dure encore. Ajoutons enfin qu'il y a toujours de sérieux inconvénients à donner au travail le caractère d'un châtiment. On risque ainsi d'inspirer à l'enfant le dégoût de l'étude et l'aversion pour le maître, indépendamment des mauvaises habitudes de travail qu'entraîne l'accomplissement d'une tâche rebutante.

En résumé, tout châtiment corporel, quelle qu'en soit la nature, est *sans effet sérieux, dangereux* et *anti-éducatif.* C'est plus qu'il n'en faut pour le proscrire.

———

Que reste-t-il alors comme moyen d'action?

La privation de certains plaisirs; mais surtout les exhortations et les réprimandes.

C'est peu, pensera-t-on peut-être. C'est suffisant, dirons-nous, pour qui saura en user avec tact, mesure et convenance, en tenant compte de la gravité plus ou moins grande de la faute, de la sensibilité plus ou moins vive de l'enfant.

Swift (1667-1745), dans son ingénieux roman de *Gulliver*, fait ainsi finement la critique de la discipline scolaire de son temps.

«Il est défendu aux maîtres, dit-il, de châtier les enfants par la douleur, ils le font par le retranchement de quelque douceur sensible, par la honte, et surtout par la privation de deux ou trois leçons, ce qui les mortifie extrêmement, parce qu'alors on les abandonne à eux-mêmes, et qu'on fait semblant de ne les pas juger dignes d'instruction. La douleur, selon eux, ne sert qu'à les rendre timides, défaut très préjudiciable, et dont on ne guérit jamais.»

Gardons-nous en effet de croire que la sévérité des peines en assure l'efficacité: la sensibilité physique ou morale s'émousse par l'effet de l'habitude. Défions-nous de cette soumission silencieuse obtenue par un mot dur ou par la menace d'un châtiment et qui dissimule mal la révolte intérieure et le cœur ulcéré.

«On obtient plus, dit Plutarque, par les éloges et les réprimandes que par les rigueurs si l'on a soin de les employer tour à tour, celles-ci pour détourner du mal, ceux-là, pour encourager au bien.» «Je veux, dit à son tour Quintilien, qu'on me donne un enfant qui soit sensible à la louange, que la gloire enflamme, à qui une défaite arrache des larmes..... Un reproche, une réprimande le touchera au vif, le sentiment de l'honneur l'aiguillonnera»[16].

Un reproche adressé sans amertume, sinon sans gravité et sans tristesse, produit une vive impression sur l'enfant surtout si en lui adressant on s'attache à lui faire reconnaître sa faute et qu'on lui inspire le désir de s'amender. Le châtiment doit être pour celui qui a commis une faute un moyen de se relever. En éducation, tout doit servir à l'éducation.

Malheureusement peu de gens savent adresser des reproches, les formuler, les graduer, prendre le ton nécessaire, choisir le moment convenable, l'occasion propice, les circonstances favorables. Il y a un art de punir. N'ajoutez pas l'insulte au reproche, comme on le fait d'ordinaire, car vous aggravez ainsi la punition, et vous en épuisez bientôt l'effet, si bien que vous serez désarmé pour l'avenir; surtout n'y revenez pas à plusieurs reprises comme ces parents qui, à toute occasion, renouvellent leurs plaintes, invitent les parents, les amis, les étrangers même à s'associer à eux pour accabler l'enfant. C'est comme une blessure que vous rouvrez, c'est un supplice incessamment renouvelé, ce n'est plus un reproche, mais une succession de reproches, une série d'humiliations, A l'entrée de chaque visiteur, on entend: savez-vous ce qu'a fait Jules?—Il a fait telle chose.—Grondez-le donc. Puis, on compare Jules à Paul qui est bien autrement sage, qui donne à ses parents de si vives satisfactions, etc. Heureusement que les enfants, moins soucieux que leurs parents de la prétendue sagesse qu'on leur accorde, ne s'en aiment pas moins, car les parents font tout ce qui est nécessaire pour éveiller chez leurs enfants des sentiments de haine, d'envie et de jalousie.

*Conditions auxquelles doivent satisfaire les punitions.*

Avant de donner quelques indications sur la manière dont on doit procéder dans l'application, il nous semble indispensable d'énumérer les conditions auxquelles doivent satisfaire les punitions en général. Ces conditions sont au moins aussi essentielles que les punitions mêmes et il est absolument nécessaire de s'y conformer si l'on veut assurer l'efficacité de ces dernières.

Nous ne dirons pas qu'une punition doit être juste; cela va de soi. Quand elle est injuste, c'est que parents ou maîtres se sont trompés; nous ne saurions admettre un instant que de propos délibéré ils veuillent commettre une injustice. «C'est perdre toute confiance dans l'esprit des enfants, dit La Bruyère, et leur devenir inutile, que de les punir des fautes qu'ils n'ont point faites ou même sévèrement de celles qui sont légères. Ils savent précisément et mieux que personne ce qu'ils méritent, et ils ne méritent guère que ce qu'ils craignent: ils connaissent si c'est à tort ou avec raison qu'on les châtie et ne se gâtent pas moins des peines mal ordonnées que de l'impunité[17].»

Point de punitions générales dans les classes; mieux vaut laisser un coupable impuni que punir des innocents afin de pouvoir l'atteindre. Ajoutons que le plus souvent la punition sera beaucoup plus dure pour ceux-ci qu'elle ne sera efficace pour celui-là.

1°.—*Les punitions doivent être rares.*

La fréquence des punitions en diminue l'effet. L'élève s'y accoutume: or comme nous voulons faire appel aux sentiments délicats et élevés, nous ne devons le faire qu'avec de grands ménagements, afin de conserver à l'enfant toute sa fraîcheur d'impression et toute sa sensibilité.

«..... Si vous avez envie, dit excellemment Montaigne, qu'il craigne la honte et le châtiment, ne l'y endurcissez pas: endurcissez-le à la sueur et au froid, au vent, au soleil, et aux hasards qu'il lui faut mépriser...[18]»

2°.—*Toute punition infligée doit être exactement subie.*

Pas d'indécision à cet égard. La certitude de la punition importe bien plus que la rigueur. Réfléchissez mûrement avant d'infliger un châtiment, mais, la décision prise, ne cédez ni aux cris, ni aux supplications, car si vous manquez de fermeté une seule fois, votre autorité est perdue. Dès que l'enfant se sera aperçu qu'il peut vous fléchir en vous lassant, vous n'aurez plus d'action sur lui, tandis que s'il est convaincu de son impuissance, s'il désespère de vaincre votre résistance, il n'essaiera plus de lutter, il se résignera.

Que de fois nous avons entendu des mères trop vives et trop tendres, s'écrier: Gaston, si tu fais cela, tu seras privé de dessert; mais le moment d'après, la peine était levée et à partir de ce moment l'enfant savait qu'il n'avait plus à redouter l'exécution des menaces. Sans le vouloir, inconsciemment, la mère lui avait laissé voir sa faiblesse.

«Que tous vos refus soient irrévocables, dit Rousseau, que le *non* prononcé soit un mur d'airain, contre lequel l'enfant n'aura pas épuisé cinq ou six fois ses forces qu'il ne tentera plus de renverser[19]».

Nous donnons des instructions générales qui souffrent des exceptions. La justice n'exclut pas la miséricorde. Il faut rester inflexible tant qu'on ne voit chez l'enfant qu'un désir d'échapper à une punition comme on évite ce qui est désagréable, mais on peut céder devant les signes d'un repentir évident, d'un regret sincère de la faute commise et d'une douleur vraie.

3º.—*La punition doit suivre de très près la faute.*

L'enfant agit et pense rapidement. La faute qu'il a commise, il l'oublie l'instant d'après. Tout est pour lui à courte échéance: le passé et l'avenir. Il vit surtout dans le présent. Que tout châtiment suive donc de très près la faute et même s'il se peut, qu'il la suive immédiatement et comme une conséquence. L'efficacité en sera d'autant plus certaine. Un enfant qui ressent une douleur parce qu'il a touché à un objet malgré la défense qui lui en a été faite, associe plus étroitement dans son esprit la faute et le châtiment, comme la cause et l'effet. Il ne désobéira pas de si tôt; le voilà doublement averti et qui se tient mieux sur ses gardes: *chat échaudé craint l'eau froide*, dit le proverbe. Malheureusement on ne peut que bien rarement tirer parti de ce que nous appelons les *punitions-conséquences*, d'abord parce que toute faute n'en comporte pas nécessairement, puis, à cause des dangers qu'elles présentent souvent. Laisser, par exemple, un enfant se brûler pour qu'il ne touche pas au feu, c'est courir un trop grand risque pour un trop faible résultat. Avec un pareil mode de correction, l'enfant aurait le temps de mourir avant d'avoir appris à vivre.

«Faire la part de l'expérience personnelle, dit M. Gréard, rien de mieux; elle est la rançon de la liberté. Mais attendre que le jeune homme s'instruise exclusivement par ses propres fautes, n'est-ce pas la plus dangereuse des chimères?[20]» Qui donc a pu se passer de l'expérience d'autrui? Notre expérience se compose de celle de l'humanité et de la nôtre; les deux sont nécessaires. Attendre que l'expérience résulte du jeu des événements, c'est réduire l'enfant à n'être qu'une chose ou qu'un être inconscient; c'est le priver bénévolement du facteur le plus important, la pensée, ou ne la faire intervenir que par la réflexion après coup. «C'est le résultat d'un acte, dit M. Gréard, qui en détermine la nature et la valeur..... Il s'agit non de bien faire, mais d'être adroit[21].» Cela rappelle le cas des enfants de Sparte punis non du larcin mais de leur maladresse. Où est l'idée de responsabilité du moment que je ne compte que pour une chose. S'il y avait en cela une idée morale on pourrait la désigner sous le nom de morale de l'habileté; ce serait une variété de la morale de l'intérêt.

Remarquons d'autre part que l'enfant victime des choses, s'irrite mais ne s'éclaire pas; s'il se heurte contre un meuble, il frappera volontiers le meuble et ne s'en prendra pas à lui-même. A proprement parler, il ne s'agit pas ici de l'expérience telle qu'on l'entend d'ordinaire et qu'on pourrait appeler générale, mais d'une expérience particulière. La nécessité n'en est pas douteuse mais elle ne comporte pas l'idée de devoir, la notion du mérite et du démérite. C'est une expérience d'ordre inférieur.

4°.—*La punition doit être proportionnée à la faute.*

Gardons-nous de donner aux fautes une valeur fictive qui résulte de ce que l'enfant et nous ne l'envisageons pas de la même manière. Tâchons de voir les choses du même œil, non à notre point de vue, mais au sien, afin qu'il ne se croie pas victime d'un excès de sévérité.

«L'enfant, dit Rousseau, a des manières de voir, de penser, de sentir, qui lui sont propres; rien n'est moins sensé que d'y vouloir substituer les nôtres; et j'aimerais autant exiger qu'un enfant eût cinq pieds de haut, que du jugement, à dix ans[22].» La proportion dont nous parlons est assez difficile à garder parce qu'il faut l'entendre comme l'enfant lui-même. Il ne s'agit pas de juger la faute avec notre jugement et notre expérience mais comme l'enfant la juge avec son défaut ou son rudiment de jugement et d'expérience. Il sait fort bien, par exemple, que la préméditation ou la récidive constituent des aggravations de la faute; il comprendra moins la gravité d'une faute due à la paresse ou au défaut d'attention. Nous devons attacher plus d'importance à lui faire sentir les inconvénients de la paresse qu'à le punir d'avoir été paresseux. De même le besoin d'activité physique qu'il éprouve le rend très indulgent pour sa turbulence et lui fait éprouver des mouvements d'humeur lorsqu'on l'en punit. Il se sent incapable de se contraindre et de gouverner son corps.

5°.—*La punition doit être proportionnée à la sensibilité de l'enfant; elle doit varier avec l'âge.*

Le tempérament, la complexion, la sensibilité des enfants sont choses très variables; la même punition est plus ou moins rigoureuse selon que celui qui la subit est plus ou moins délicat. Une étude attentive de chaque enfant nous permettra de distribuer équitablement les peines. Quand cette étude devrait nous coûter beaucoup, il n'y a pas à hésiter; cela fait partie de la mission de l'éducateur. D'ailleurs nous trouverons dans les résultats la compensation de nos efforts et de nos peines. Une punition de même nature peut être variée dans le degré et la forme, il sera donc facile de dresser une échelle pour chaque sorte de punition. Toutefois, hâtons-nous d'ajouter que tout ne sera pas résolu par un tarif; n'attribuons pas aux procédés une action plus efficace que celle qu'ils comportent, et ne perdons pas de vue un seul instant que notre mission est d'éveiller d'abord, de cultiver ensuite le sens moral. Nous devons pour ainsi dire couver l'enfant, le maintenir dans une atmosphère morale qui est pour son âme ce que sont pour son corps les soins tendres, empressés, attentifs de sa mère. A peine sera-t-il abattu qu'il faudra se hâter de le relever, car rien ne doit durer pour l'enfant, surtout si les fautes qu'il commet sont la conséquence de la légéreté naturelle à son âge.

––––––

Ces principes admis, passons à l'application.

L'enfant commet-il des étourderies légères, nous feindrons de ne pas voir ou de ne pas entendre une première fois, nous tolérerons beaucoup, surtout si l'enfant est jeune, d'un tempérament ardent, d'une santé robuste.

«N'oublions pas, comme dit Plutarque avec sa bonté accoutumée, que nous avons été jeunes et sachons pardonner aux enfants les fautes qui échappent à la faiblesse de leur âge.» Il va même jusqu'à conseiller certaines ruses: «L'âge, dit-il, rend notre vue plus faible et notre ouïe plus dure; n'est-ce-pas une occasion de tirer parti de nos infirmités pour ne voir et n'entendre qu'à demi.»

––––––

Les étourderies se multiplient-elles par trop, le maître donne un avertissement. S'il aime les enfants, s'il est bon et juste, doux et ferme, s'il se plaint sans humeur, gronde sans dureté, corrige sans emportement, il sera aimé et respecté de ses élèves et l'avertissement suffira.

«A Port-Royal, on recommandait aux maîtres de supporter patiemment les fautes et les faiblesses des enfants, de ne pas se montrer trop exacts avec eux, ni s'inquiéter trop, de se contenter de les préserver des fautes principales et de fermer les yeux sur leurs petits manquements»[23]. De son côté, le P. Lamy, ajoute: «Pour ramener les enfants à leurs devoirs, une caresse, une menace, l'espérance d'une récompense ou la crainte d'une humiliation font plus d'effet que les verges[24].»

J'ai souvent regretté que, dans les établissements scolaires et dans la famille, on ne permît pas aux enfants de converser sans faire trop de bruit pendant les repas. Le silence est dans ce cas un châtiment, en même temps qu'une contravention à l'hygiène.

Les nouveaux règlements tout à la fois sensés et paternels permettent la conversation à voix basse pendant les repas. Bien des punitions seront ainsi évitées. On ne doit pas craindre d'autoriser ce qui est juste; s'il en résulte des inconvénients, ils seront toujours inférieurs aux avantages. En supprimant les prétextes et les occasions d'infraction, non seulement on a plus rarement à donner des punitions, mais le règlement acquiert plus d'autorité parce qu'il est plus juste.

Certaines punitions, ridicules ou inconvenantes, doivent être proscrites à l'égal des punitions corporelles. Ainsi, dans certaines maisons, les enfants sont condamnés à baiser la terre, ou à se couvrir le visage avec leur tablier ou prendre une attitude génante. A Port-Royal-des-Champs, certaines punitions étaient entourées d'un appareil d'une solennité puérile. Il faut éviter tout ce qui ôte de la gravité à un châtiment.

Résumons ce qui précède en formulant un code de punitions:

En premier lieu, la réprimande dont on variera la forme de manière à la rendre plus ou moins sévère. Elle ne sera publique que dans des cas très exceptionnels par la gravité.

Puis, le pensum consistant en un certain nombre de lignes d'une écriture *appliquée.*

Enfin, la privation d'un plaisir tel que promenade, jeu, friandises, spectacles, objets divers de toilette ou d'agrément.

Si simple que soit ce code, il peut être simplifié. Nous avons à l'école Turgot un mode de punitions et de récompenses qui consiste uniquement en une inscription sur le cahier de notes de l'enfant. Tel élève a mérité une punition ou une récompense; on écrit sur son livret *une punition* ou *une récompense.* C'est la punition sans châtiment, la récompense sans avantage matériel. Un grand nombre d'élèves préféreraient un châtiment à la  simple inscription de la punition, tant il est vrai que ce n'est pas la rigueur de la peine qui en fait l'efficacité et «qu'il n'y a de pénétrant, de durable et de salutaire, comme le dit M. Gréard avec sa netteté et sa précision accoutumées, que le sentiment de la faute attaché d'une main sûre à la conscience du coupable». C'est bien là la vraie punition: si l'enfant n'éprouve pas de honte à la subir, elle a beau être dure, l'enfant redoutera la douleur, l'ennui, les privations, mais la peine sera sans effet moral.

Pour un devoir mal écrit faute de soin et sans mauvaise intention, n'infligeons pas de punition, mais donnons simplement le devoir à recommencer.

Quant aux leçons à apprendre ou aux exercices de mémoire que l'enfant ne saurait pas par cœur, nous devons nous assurer s'il a fait des efforts suffisants et s'il a une mémoire ingrate; dans ce cas, il faut venir à son aide, en divisant la tâche, en la diminuant, en lui indiquant certains procédés qui la facilitent. Dans le cas contraire, s'il y a paresse évidente, l'enfant sera puni sans être dispensé pour cela de remplir sa tâche.

Dans la graduation des punitions, nous devons tenir compte des goûts particuliers des enfants, car il se peut qu'un enfant accepte volontiers ce qu'un autre regarde comme une aggravation de la peine. Tel enfant attachera plus d'importance à une promenade qu'à la possession d'un objet, tandis que tel autre préfèrera l'objet à la promenade.

---

Supposons maintenant que l'enfant ait commis une faute grave, qu'il se soit attiré une remontrance exceptionnelle, voici comment nous procédons: nous le conduisons dans un endroit dont il n'a pas habituellement l'accès et qui, en conséquence, ne lui est pas familier, c'est une pièce éclairée d'un demi-jour et située dans un lieu retiré. Nous voulons exercer sur lui une première impression par le milieu. Nous prenons un air grave et résigné. Nous le faisons asseoir en face de nous, nous lui prenons les mains, en le fixant avec insistance dans les yeux, nous lui parlons avec douceur, lentement, d'une manière un peu monotone afin de l'assoupir peu à peu. Dans ce demi-sommeil, la volonté de l'enfant s'affaiblit. Nous lui parlons alors de la faute qu'il a commise, nous lui en faisons comprendre la gravité, nous lui en montrons les conséquences, en lui faisant craindre que la tendresse de ses parents, la confiance, l'estime, la sympathie de ses amis et de ses maîtres ne s'en trouve diminuée. Nous lui inspirons le regret de l'avoir commise, le désir de se faire pardonner et la résolution de se corriger.

L'enfant est somnolent; dans son corps inerte, son esprit vacille pour ainsi dire, il sent sa volonté lui échapper, en quelque sorte; c'est alors que, mis dans l'impossibilité de nous résister, il se trouve tout à fait préparé à recevoir nos avis et à suivre nos conseils. Loin de nous la pensée de substituer notre volonté à la sienne, d'affaiblir en lui le sentiment de la responsabilité: nous le désarmons mais seulement pour qu'il ne résiste pas, nous le subjuguons sans l'anéantir. Il comprend nos raisonnements, il les suit, il se les approprie; nous sommes parvenu à pénétrer dans une place qui n'est plus défendue. Puis, lorsque l'impression est faite dans son esprit, les entraves sont enlevées, il s'éveille, il est libre, il est meilleur.

Nous n'agissons pas autrement pour détruire des habitudes vicieuses, des défauts de caractère, des affections maladives[25]. L'enfant est pour nous, dans tous ces divers cas, un malade au moral ou au physique, par cela seul que maladies ou vices tiennent d'une organisation défectueuse par quelque côté, qu'il doit souvent, il faut bien le dire, à la négligence, à l'incurie ou aux vices de ses parents. A l'éducateur de rétablir l'équilibre de ce corps et de cet esprit, mais bien entendu, avec le concours du malade. Lentement et progressivement, nous amenons l'enfant à sentir les inconvénients ou les dangers de son état et la nécessité d'y porter remède. Nous insistons, nous martelons nos enseignements dans son esprit. Il nous écoute, il nous comprend, il se laisse persuader dans son demi-sommeil, et, revenu à la réalité, il se trouve dans la situation de ceux qu'un rêve a obsédés. Une première amélioration s'est produite, le mauvais pli a été défait, comme par un effort mécanique un bâton tordu se trouve rectifié.

Nous revenons à la charge à plusieurs reprises, et, chaque fois, l'amélioration s'accentue. Des enfants grossiers, turbulents, indociles, paresseux, sont ainsi transformés: on a raison de leur trop grande vivacité, de leur nature emportée, ou de leur apathie. C'est là un traitement, qu'on pourrait désigner sous le nom d'*orthopédie morale*.

Parfois il faut beaucoup de temps et encore plus de patience mais la guérison vient à la fin. Si elle est incomplète, si l'enfant retombe dans sa faute, on recommence le traitement jusqu'à ce qu'on ait triomphé de la cause du mal. Toutefois les cas de récidive sont rares, car une première amélioration obtenue rend plus facile une amélioration plus grande, comme les exercices répétés d'une gymnastique méthodique superposent leurs effets et accroissent les forces d'une manière continue. Il se produit dans l'ordre moral quelque chose d'analogue aux intérêts composés; chaque progrès dans le bien est la source d'un progrès nouveau, et la nature humaine continue ainsi son redressement d'elle-même, par sa propre puissance, quand la première impulsion a été donnée. L'homme devient le collaborateur conscient ou non de ceux qui suscitent en lui de bons sentiments. De même que le grain mis en terre donne naissance à un épi, de même une bonne pensée déposée dans un esprit convenablement préparé y devient le germe d'autres pensées bienfaisantes. L'esprit, comme le corps, a des ressources propres qui ne lui viennent pas du dehors et lui permettent de lutter contre le mal ainsi que le corps lutte contre la maladie. Nos conseils, nos remèdes, ne font qu'aider cette action qui se poursuit naturellement[26].

# II

## LES RÉCOMPENSES

Nous avons réduit les punitions à la privation de certains plaisirs et aux réprimandes, et même à moins que cela. Nous ne serons pas moins sobre de récompenses. Il suffit de prendre la contre-partie, de borner les récompenses à certains plaisirs et à des approbations ou des éloges. Ne soyons pas surpris de cette pénurie de moyens; l'abondance ni la variété ne sont des signes de puissance, et, de même que la rigueur des peines n'en assure pas l'efficacité, l'exagération des marques d'approbation ou la valeur des objets et des avantages accordés ne donne pas plus de prix aux récompenses.

———

L'idéal à réaliser consisterait en un mode de récompense sans valeur vénale ou matérielle et dont l'effet concourrait à l'éducation de l'enfant, c'est-à-dire à son amélioration morale, car en matière d'éducation, nous ne saurions trop le répéter, tout doit servir à l'éducation. Le bien devrait être fait pour l'amour du bien et non pour les avantages qu'on en peut retirer, lesquels viennent par surcroît. Nous savons que c'est là un idéal mais lors même qu'un but ne peut être tout à fait atteint, l'effort n'est pas inutile; nous devenons meilleur rien qu'en cherchant à le devenir. Si donc nous voulons améliorer l'enfant, la première condition pour obtenir ce résultat, c'est de le croire capable de désintéressement, de dévouement, d'élévation, etc. Comment entreprendre une tâche si l'on n'a la certitude ou au moins l'espérance de l'accomplir; quelle plus déplorable disposition que le scepticisme chez un éducateur; quelle peut être son action s'il n'a la conviction.

On croit généralement que l'enfant a des défauts qui lui sont propres; on s'en va répétant après La Fontaine que «cet âge est sans pitié». Persuadons-nous bien au contraire que leurs défauts sont les nôtres, que nous sommes une même personne à tous les moments de notre existence, seulement l'enfant donne un libre cours à ses pensées comme à ses mouvements; il ne sait pas encore pratiquer la réserve ni la modestie, et manifeste spontanément ses désirs. Ses défauts sont plus évidents parce qu'il n'a pas encore appris à les combattre ou à les dissimuler. Dans les reproches que nous leur adressons combien pourraient être justement retournés contre nous. Avons-nous toujours eu soin d'éveiller leur conscience et de la développer une fois éveillée? Loin de là, il arrive souvent qu'on la fait dévier comme on fait dévier leur intelligence par les préjugés; comme on fait dévier leurs jambes par le maillot et la marche hâtive. Que de bien n'y aurait-il pas à faire rien qu'en évitant le mal que l'on cause inconsciemment lorsqu'on altère le sens naturellement droit de l'enfant!

Au lieu, par exemple, de nous borner à le louer de ce qu'il a fait de bien, nous ajoutons un avantage matériel qui diminue la valeur morale de l'éloge et lui ôte une part de son action éducatrice. «Ne promettez jamais aux enfants, dit Fénelon, pour récompenses des ajustements et des friandises; c'est faire deux maux: le premier de leur inspirer l'estime de ce qu'ils doivent mépriser et le second de nous ôter le moyen d'établir d'autres récompenses qui facilitaient votre travail[27].» Lorsque nous disons à l'enfant: si tu fais bien ton devoir, tu auras des fruits, des gâteaux, des jouets, des bijoux, il travaille non pour le plaisir de l'étude, mais en vue de l'avantage promis. «Toute idée de devoir disparaît, dit Madame Guizot, un calcul intéressé en prend la place, occupe seul son esprit, la tâche pourra bien être faite, mais l'enfant n'aura point appris à bien faire[28].» «Il faut éviter, dit Locke, de cajoler les enfants en leur donnant comme récompenses certaines choses qui leur plaisent pour les engager à s'acquitter de leur devoir... on ne fait qu'autoriser par là leur amour pour le plaisir et entretenir une dangereuse inclination[29].»

Certains pensent que l'enfant prend ainsi l'habitude du bien et que l'habitude une fois prise, il fait par goût ce qu'il a d'abord fait par intérêt. Or, l'habitude nous dispense précisément d'agir consciemment et volontairement; c'est en quelque sorte un instinct acquis. Où donc est alors le profit moral? L'habitude succède à des actes volontaires répétés, elle en est la conséquence mais le contraire n'est pas vrai. On ne fait pas l'apprentissage d'une qualité en pratiquant le défaut opposé. Agir souvent dans un but intéressé mènera à prendre l'habitude d'agir toujours par intérêt.

———

Il est vrai que la plus simple approbation, l'éloge le plus discret ne va pas sans flatter la vanité de celui qui le reçoit, que, dès lors, un intérêt s'y trouve attaché. La seule récompense idéale pure consiste dans la satisfaction du for intérieur. Celui qui s'en contente n'en connaît pas de plus haute et qui lui cause une joie aussi complète. C'est la jouissance exquise des natures délicates et élevées. Aussi, devons-nous nous efforcer de développer chez l'enfant le sentiment de l'honneur, le respect de soi, la sensibilité de la conscience. L'estime de soi-même, le souci de sa réputation ne doivent pas être confondus avec la vanité ou l'orgueil, c'est le fondement de la dignité humaine. «De tous les motifs propres à toucher une âme raisonnable, dit Locke, il n'y en a pas de plus puissants que l'honneur et la honte..... Si donc vous pouvez inspirer aux enfants l'amour de la réputation et les rendre sensibles à la honte, vous aurez mis dans leur âme un principe qui les portera continuellement au bien[30].»

Toute récompense autre que la satisfaction du devoir accompli entraîne avec elle un avantage ou un profit; elle excitera donc chez l'enfant des appétits malsains ou la gourmandise ou la vanité ou la cupidité ou l'amour du plaisir.

Donner à l'enfant des mets qu'il aime, des gâteaux, des sucreries, des fruits comme récompense d'un travail bien fait, d'une leçon bien sue, c'est le rendre gourmand; lui accorder un bijou, une parure, un vêtement nouveau, c'est le rendre vain; lui donner de l'argent est bien autrement grave; aussi nous sommes d'avis qu'il n'en faut jamais donner aux enfants. Ils n'en connaissent pas la valeur, ne l'ayant pas gagné; l'argent devient pour eux un complice docile de leurs fantaisies: il leur permet de satisfaire des caprices, de vaincre des résistances et les prépare ainsi à la vie facile; voilà le danger. L'argent qui n'est pas sanctifié, en quelque sorte, par le travail, est essentiellement corrupteur. «Mon fils, disait, avec une singulière force d'expression, un homme du siècle dernier, l'argent, ça pue.»

Restent les plaisirs en général, tels que la promenade, les spectacles, les jeux, mais n'est-ce pas inspirer l'amour du plaisir que d'accorder un plaisir comme récompense? Quoi qu'on fasse, la récompense ne va pas sans un salaire; ainsi l'exige la bête qui habite en chacun de nous et qui chez l'enfant est particulièrement exigeante. Le seul parti à prendre c'est de réduire le salaire le plus possible, et, d'autant plus, que l'enfant est plus âgé.

---

N'exagérons pas, examinons les choses avec calme: les motifs qui déterminent nos actions sont toujours complexes comme notre nature; il n'en saurait être autrement; l'homme ne peut être moral d'une manière absolue. Lorsque le sauveteur arrache une personne en danger de se noyer, il éprouve certainement une joie très vive de sa bonne action, mais à cette joie pour ainsi dire instinctive, se mêle bientôt la pensée de la récompense qu'il pourra recevoir et le plaisir de recueillir les applaudissements de la foule; le soldat marche au combat par obéissance, par amour de la gloire, par amour de la patrie, par désir de vaincre et avec l'espoir d'un grade ou de la croix. Tous ces mobiles coexistent et agissent simultanément avec des intensités différentes et variables; même la sœur de charité et le martyr ne sont pas exempts, nous ne dirons pas de ces faiblesses, mais de ces sentiments, de ces impulsions diverses de notre nature complexe, car ils ont l'espoir de gagner le ciel, qui est une récompense d'une valeur infinie.

Ainsi, toute bonne action n'est pas absolument bonne, il y a toujours un motif intéressé auquel donne satisfaction la récompense concrète.

---

Ces préliminaires établis, nous allons chercher les conditions auxquelles doivent satisfaire les récompenses.[31]

1° *Elles doivent être rares.*

Chacun sait que la facilité avec laquelle on obtient ce qu'on désire en diminue le prix et détermine bientôt la satiété. Même lorsque les choses n'ont pas de valeur intrinsèque, la difficulté de les obtenir leur en donne une fictive, et si elles en ont une, elle se trouvera rehaussée. Le désir s'accroît en même temps que les difficultés. Si l'on se montre trop prodigue de récompenses, non seulement les enfants y deviennent indifférents, mais ce qui est plus grave, ils prennent de la suffisance et un sentiment de sécurité qui affaiblissent en eux tout ressort et les rendent impertinents et paresseux.

2°.—*Les récompenses doivent être graduées.*

L'éloge pur et simple, tout en conservant sa valeur relative, doit être mesuré. Les nuances seront indiquées surtout par la force et la précision des termes, depuis la plus faible marque d'approbation jusqu'à la plus flatteuse. N'ajoutez pas de développement; ne dites que ce qui est nécessaire pour justifier l'éloge. Rien de trop.

Si, par exception, l'éloge est rendu public, ce doit être parce qu'il est de nature à produire une excitation salutaire sur l'ensemble des écoliers plutôt que pour causer à celui qui l'aura mérité une satisfaction plus vive.

«En louant les compositions de ses élèves le maître ne doit être ni avare ni prodigue de compliments, de peur de leur inspirer ou le dégoût du travail ou trop de sécurité[32]».

«Quoiqu'il soit fort bon d'augmenter l'ardeur que les enfants ont pour l'étude par les justes louanges qu'on leur donne, il le faut néanmoins faire sobrement, de peur de leur donner de la vanité et de les remplir d'une secrète et dangereuse opinion de leur prétendue suffisance[33].»

L'amour-propre ou, si l'on veut, l'estime de soi-même est un mobile excellent dont l'excès seul, c'est-à-dire la présomption ou l'orgueil est à redouter. L'éloge public est par lui-même excessif; ceux qui l'entendent en aggravent les effets en renchérissant sur l'éloge, en y ajoutant leur propre approbation. Rien de plus fréquent que cette complaisance inconsciente des hommes par laquelle ils conspirent à élever davantage celui qui a déjà été élevé. Nous appuyons sur l'éloge comme sur le blâme. En outre, l'éloge public excite l'envie, la jalousie des émules ou des rivaux. «En tâchant de leur donner de l'émulation, disent MM. de Port-Royal, il faut bien prendre garde de ne pas faire naître de l'envie pour les bonnes qualités qu'ils remarquent dans leurs compagnons, et qui leur manquent[34].»

———

Puisque nous parlons d'émulation, distinguons celle entre les personnes de celle qui est relative aux choses. Dire à l'écolier, un tel a mieux fait que vous, il aura tels avantages, voilà qui lui inspirera de mauvais sentiments, et qui embarrassera son camarade plus intelligent ou plus heureux. L'élève est-il paresseux? on ne l'excitera pas au travail par ce moyen, et s'il pèche par le défaut d'intelligence, ou par l'incapacité d'attention, on ne parviendra ainsi qu'à lui inspirer le dégoût de l'étude, comme il arrive qu'on se désintéresse d'un travail auquel on s'est appliqué et où l'on n'a pas réussi malgré ses efforts. Il n'y a aucun inconvénient au contraire, à dire à l'enfant: tu as mieux fait ton devoir, tu peux le mieux faire encore. Ce mode d'émulation est même le seul qui puisse être employé lorsque l'enfant est élevé dans la famille.

Malgré les inconvénients que présente l'éloge, c'est un levier trop puissant pour renoncer à s'en servir. Nous ne tenons à rien tant qu'à l'approbation de nos semblables; elle nous est tellement précieuse que nous sommes sensibles même à celle des hommes que nous ne connaissons pas ou, qui pis est, que nous n'estimons pas.

3º.—*Il faut être très réservé dans le nombre et très scrupuleux dans le choix des avantages attachés aux récompenses.*

Nous avons indiqué déjà les écueils qu'il faut craindre en accordant des récompenses vénales. Il importe d'en user avec beaucoup de discrétion, de faire en sorte que l'avantage soit plutôt une conséquence naturelle qu'un appoint ou un salaire. L'effet nuisible en sera atténué si l'on donne à l'enfant des objets plutôt utiles qu'agréables, tels que des livres ou des vêtements, toutefois on choisira des livres de lecture plutôt que d'étude, des vêtements plus agréables que nécessaires et on aura soin d'éviter, dans ces divers objets, la fausse élégance et le luxe de mauvais aloi; par là encore, on contribuera a l'éducation des enfants, en développant le goût.

Parmi les plaisirs, il y a un choix à faire: non seulement il faut tenir compte de l'âge, du sexe, du goût, du degré de sensibilité de l'enfant, mais d'une manière générale, il faut lui épargner tout spectacle qui est de nature à causer des émotions trop fortes ou à fausser son jugement. Les impressions reçues dans l'enfance, sont toujours très vives, et si elles sont violentes, elles exercent sur l'esprit une influence funeste qui persiste jusque dans l'âge mûr, et peuvent occasionner des troubles sérieux. Ce que nous disons des spectacles s'applique également aux livres; l'enfant s'attache fortement au livre qu'il aime, il y revient sans éprouver de lassitude ni d'ennui, il relit les passages qui lui ont plu, aussi importe-t-il de mesurer l'émotion à son jeune et tendre cœur. Les vibrations violentes brisent la corde sonore délicate.

Les promenades sont d'excellentes récompenses; elles satisfont au besoin d'exercice; elles peuvent être associées à des jeux. C'est un plaisir simple, naturel, hygiénique qui ne laisse aucune amertume après lui, qui apaise, qui calme les excitations maladives causées par la vie sédentaire et le surmenage.

---

Dans ces derniers temps, l'usage s'est répandu d'accorder en récompense des livrets de caisse d'épargne, dans l'espoir de créer des habitudes d'ordre et d'économie dans des familles peu aisées où ces qualités sont plus particulièrement nécessaires et où elles font généralement défaut. Le but est louable mais ne doit-on pas craindre de paralyser ainsi les élans généreux de l'enfant et de l'accoutumer prématurément à une économie qui peut dégénérer en avarice. L'esprit d'économie ne se crée pas avec de l'argent donné et n'est pas une qualité qui se développe dans l'enfance. Nous n'attachons de valeur à l'argent que s'il représente un salaire, le prix d'un travail, s'il nous a coûté quelque peine à acquérir; alors seulement nous ne le gaspillons pas. On ne suscite pas plus dans l'esprit d'un enfant les goûts ou les idées de l'âge mûr qu'on ne peut lui donner la taille qu'il atteindra à cet âge, et il y a beaucoup à parier qu'on produira chez lui des déviations morales comme on lui tord les jambes en voulant le faire marcher trop tôt.

---

Le *bon point* est une des récompenses fort en usage dans nos établissements scolaires. Il y en a de diverses sortes et de valeur différentes qui composent un système analogue à celui de notre monnaie. Récemment ils ont été illustrés et représentent soit des personnages illustres, soit des animaux, des plantes ou des faits historiques. D'un côté se trouve l'image, de l'autre une biographie ou une explication. Cette innovation est bonne. Les dessins sont en général convenablement exécutés et les notes suffisamment exactes; le seul point défectueux est le défaut d'appropriation à l'âge et au degré de culture de l'enfant; notes et dessins ne sont pas, en général, assez simples.

---

Nous n'avons pas de goût pour les *croix* et en général pour les distinctions honorifiques; ce mode de récompense ne convient pas à des enfants; il n'est pas bon de leur faire singer les hommes, de les familiariser avec ce que les hommes respectent, car on peut craindre d'émousser ainsi le sentiment de l'honneur. Si ce sont des récompenses, la durée en est trop longue et persiste après que la cause de la récompense a cessé d'exister; si ce sont des insignes qui donnent à l'enfant, parmi ses camarades, un rang mérité par le travail ou la conduite, nous leur préférons ceux qui sont en usage dans l'armée, les galons.

---

Les bons points servent, dans certains cas, *d'exemptions*, c'est-à-dire de moyen de s'exempter des punitions. Dans la balance de la justice, la récompense et la punition sont choses de nature différente et qui ne se peuvent faire équilibre. Ce qui ne s'ajoute pas ne saurait non plus se retrancher. L'exemption a été conquise par le travail tandis que la punition est la conséquence de la légèreté, de la paresse, etc. Il n'y a pas là de parité et par conséquent d'échange possible, sans blesser le sens moral. Toute punition doit être subie. Il est permis de regretter qu'un bon élève ait eu un moment de faiblesse, mais alors il eût mieux valu ne pas le punir.

———

L'inscription au *tableau d'honneur* est une forme de l'éloge public; il en présente les inconvénients et nous semble devoir être écarté comme moyen de récompenser. A plus forte raison devons-nous redouter les *distributions solennelles de prix*. Le plus souvent on voit l'intelligence, le travail facile récompensés au détriment des efforts sérieux. Ajoutons que la présence des parents, leurs exigences illégitimes ont complétement faussé le caractère de ces cérémonies; ce ne sont plus des distributions de prix mais des distributions de livres. La coutume a passé des établissements privés aux établissements publics. Les parents se sentent, avec raison d'ailleurs, solidaires de leurs enfants, ils sont fiers des succès que ceux-ci remportent, ils s'en attribuent une part, et, par contre, ils se sentent atteints par les insuccès et accusent volontiers les maîtres de partialité. Dans les réprimandes qu'ils adressent à cette occasion aux enfants, on sent la révolte de l'amour propre blessé, plus encore que tout autre sentiment. Ils veulent le succès avant tout, et l'enfant est blâmé pour n'avoir pas réussi, lors même que sa conduite et son travail n'ont rien laissé à désirer. Les maîtres ont la faiblesse de sacrifier à ces vues étroites: ils multiplient les récompenses, et chaque élève, à fort peu près, emporte un témoignage sinon de satisfaction du maître, au moins de contentement pour les parents.

———

Un établissement qui jouit d'une réputation méritée[35] a voulu réagir contre cette détestable coutume. Nous avons dit plus haut qu'à *l'École Turgot* on a mis en pratique le mode des récompenses sans avantages matériels et des punitions sans châtiments. Les unes et les autres se bornent à des inscriptions sur le livret de l'écolier. Voilà des améliorations notables, mais dont il ne faut pas pourtant exagérer l'importance.

———

Dans l'application, nous procéderons de la manière suivante:

Pour les simples encouragements, les notes habituelles suffisent: *passable*, *assez bien*, *bien*, *très bien*, écrites ou énoncées. L'accent y ajoutera beaucoup; un sourire approbateur suffira à l'enfant doux et sensible.

Ces notes pourront être données à l'enfant seul ou en présence de toute la classe.

Une action très méritoire sera portée à l'ordre du jour de l'école, et l'éloge en sera fait publiquement devant le personnel scolaire tout entier.

Une classe tout entière pourra être récompensée dans certains cas exceptionnels.

Dans la famille, l'enfant pourra obtenir non à cause de son travail mais pour la satisfaction qu'il aura donnée à ses parents, soit des objets, soit une partie de plaisir.

# APPENDICE

## EXTRAIT DU
## RÈGLEMENT DES ÉCOLES PRIMAIRES
## DE LA SEINE

ARTICLE 18

Les punitions admises dans les écoles publiques sont:

1° Les mauvais points;

2° La réprimande;

3° La privation partielle de la récréation;

4° La retenue après la classe;

5° L'imposition d'un court devoir supplémentaire dans la famille;

6° L'exclusion d'un ou deux jours sous la seule responsabilité du directeur de l'école. Avis en sera donné à la famille, à l'inspecteur primaire et à la mairie.

Dans le cas d'inconduite notoire cette peine pourra être portée de deux à huit jours avec l'assentiment de l'inspecteur primaire. Avis en sera donné à la mairie et aux parents.

Cette punition pourra entraîner d'urgence pour l'élève le changement d'école.

Une exclusion de plus longue durée ne pourra être prononcée que par l'inspecteur d'Académie.

———

Les récompenses sont de deux sortes:

1° Les récompenses permanentes qui sont mises pendant toute l'année à la disposition de l'instituteur:

2° Les prix et livrets de la Caisse d'épargne, qui sont attribués à la fin de l'année scolaire, en distribution solennelle.

Les récompenses permanentes appelées communément «récompenses scolaires», consistent en bons points de diverses valeurs, images, objets de papeterie, etc.

Ces images et objets divers sont distribués chaque mois aux élèves en échange de bons points qu'ils ont obtenus.

Un règlement du 14 juin 1884 détermine les conditions dans lesquelles s'opère cet échange.

Les prix donnés en distribution solennelle sont choisis de manière à intéresser et amuser l'élève tout en concourant à son instruction et à son éducation morale.

En moyenne, le nombre attribué à chaque école est calculé à raison de un pour trois élèves; ces prix sont de valeurs différentes.

EXTRAIT DU
PROJET DE RÈGLEMENT
Délibéré en Conseil supérieur
POUR LES LYCÉES ET COLLÈGES

Les élèves sont autorisés à causer entre eux pendant les repas, dans les mouvements et pendant les exercices gymnastiques. Le bruit ne sera pas toléré;

Les punitions auront toujours un caractère moral et réparateur. Le piquet, les pensums, les privations de récréation, sauf l'exception des retenues du jeudi et du dimanche prévues à l'article suivant, la retenue de promenade sont formellement interdits. La mise à l'ordre du jour, comme peine disciplinaire, est supprimée;

3o Les seules punitions autorisées sont les suivantes:

*a.* La mauvaise note;

*b.* La leçon à rapprendre en totalité ou en partie;

*c.* Le devoir à refaire en totalité ou en partie;

*d.* Le devoir extraordinaire;

*e.* La retenue du jeudi et du dimanche;

*f.* La privation de sortie;

*g.* L'exclusion de la classe ou de l'étude;

*h.* L'exclusion temporaire ou définitive de l'établissement.

. . . . . . . . . . . . . . . . . . Les prix et accessits seront décernés d'après le total des notes obtenues par tous les élèves dans les compositions, les compositions finales ayant un coefficient double.

Selon le travail des élèves et la valeur des compositions, il pourra n'être attribué aucun prix, ou, au contraire, en être attribué plus de deux dans une faculté donnée.

Tous les élèves ayant bien travaillé et convenablement réussi pourront être nommés à la distribution des prix, à condition d'avoir atteint une moyenne déterminée.

Le nom de *prix d'excellence* est réservé à des prix d'ensemble décernés aux élèves qui, dans chaque classe et chaque division, auront le mieux satisfait à tous leurs devoirs.

Le prix d'excellence sera décerné par un vote de l'ensemble des maîtres de chaque classe et de chaque division. Il pourra y avoir un prix distinct pour les externes.

Les notes obtenues dans les exercices physiques entrent en ligne de compte pour le prix d'excellence.

Tours, imp. Deslis Frères, 6, rue Gambetta.

# NOTES:

[1] *Pédagogie égyptienne*, note de M. Georges Daressy dans la *Revue pédagogique* (juillet-décembre 1885).

[2] Xénophon, *Gouvernement de Sparte*.

[3] Ainsi il préconise le maillot et l'usage du berceau jusqu'à l'excès. Il voudrait que l'enfant fût dans son berceau comme dans un navire constamment balancé par les vagues.

[4] *Éducation des enfants*, 16.

[5] Plaute, *les Bacchis*, acte 3, scène 4.

[6] Ep. I, liv. II.

[7] Voir une spirituelle et intéressante étude de M. Franck D'Arvert dans la *Revue pédagogique* (juillet 1885). Voir également l'*Histoire des doctrines de l'éducation*, de M. Compayré.

[8] L. I, ch. 27.

[9] Montaigne (1533-1592), liv. Ier, chap. XXV.

[10] (Varet, *De l'éducation chrétienne des enfants*.)

[11] Locke, *Pensées sur l'éducation*.

[12] *Traité de l'éducation de Monsg. le Dauphin*, par Paul Hay du Châtelet.

[13] *Journal de Dubois*, 29 juillet 1671. Bibl. de l'école des Chartes, c. 4, 2e série.

[14] Locke, *Quelques pensées sur l'éducation*.

[15] Pour se convaincre de la facilité avec laquelle on glisse de l'usage à l'abus, il suffit de lire dans les règlements des Jésuites, des Frères, de MM. de Port-Royal, etc., les recommandations aux maîtres, les appels à leur patience, à leur modération. Il est si naturel de se servir d'une arme lorsqu'on la tient à la main! Le châtiment corporel a été souvent un acheminement vers la torture.

[16] Quintilien, *Institution oratoire*, l. I.

[17] La Bruyère, *De l'homme*, XI.

[18] Montaigne, l. I, ch. XXV.

[19] Rousseau (1712-1778), *Émile*, livre II.

[20] Gréard, *de l'esprit de discipline*.

[21] Id.

[22] Rousseau, *Émile*, livre second.

[23] Carré, *Les pédagogues de Port-Royal.*

[24] Le P. Lamy, de l'Oratoire: *Entretien sur les sciences.*

[25] M. le docteur Aug. Voisin, médecin à la Salpétrière, à Paris, M. le professeur Bernheim, et M. le docteur Liébault, de Nancy, ont combattu avec succès, chez plusieurs enfants, des habitudes vicieuses, la chorée, l'incontinence nocturne d'urine, des tics, la grossièreté des manières et du langage, la paresse invétérée, l'incapacité d'attention, etc.

[26] Nous lisons dans le rapport cité plus haut, page 16:

«Nous avons cependant fait un pas dans cette voie par la création d'une école pour les vagabonds incorrigibles et les enfants indisciplinables. Nous espérons beaucoup de ce nouvel établissement. Nous croyons que quelques semaines de séjour, par ordre d'un magistrat, et avec le consentement des parents, triompheront presque toujours de l'esprit de désordre et prépareront l'enfant à suivre les travaux de l'école. On évitera ainsi les frais d'un long internat dans une école industrielle de répression.» C'est précisément à ces enfants, dits incorrigibles, et qui ne sont *qu'incorrigés*, que convient le traitement dont nous parlons. Nous le croyons préférable au séjour détestable dans la plupart des maisons de correction, où on ne corrige pas, au contraire.

[27] *Éducation des filles*, chapitre V.

[28] M^me Guizot, *Éducation domestique*, lettre XVIII.

[29] Locke, *Conseils sur l'Éducation*, ch. III, § 1.

[30] Locke, *Pensées sur l'éducation*, chap. III, § 1.

[31] Nous ne dirons pas quelles doivent être justes pas plus que nous ne l'avons dit à propos des châtiments, parce que cela va de soi.

[32] Quintilien, l. II, ch. II.

[33] Coustel, *Éducation des enfants*, chap. IV.

[34] Coustel, *Éducation des enfants*, chap. IV.

[35] *L'école Alsacienne.*

Milton Keynes UK
Ingram Content Group UK Ltd.
UKHW031050120324
439302UK00006B/422